Hein

Das Buch

In Deutschland kann jeder sofort sein eigenes Lokal eröffnen. Ohne Vorkenntnisse, ohne Fachwissen und ohne Ausbildung.

In keiner Branche gibt es so viel kriminelles Potential wie in der Gastronomie. Dieses Buch stellt den Wirt auf die Probe: Seine servierten Speisen, seine Getränke. Und seine Gastfreundschaft, auf die der Gast ein Recht hat, weil er sie gezahlt hat.

Einige wenige Informationen reichen aus, Betrugsversuchen am Gast und seinem Geldbeutel effektiv zu begegnen. Genau das liefert das „Schwarzbuch Gastronomie".

Der Autor

Küchenmeister Julius C. Saar kocht seit fast drei Jahrzehnten in unzähligen Restaurants und kennt die Profiküchenwelt in- und auswendig. Nach seiner Lehre zog es ihn ins Ausland, wo er von der Strandkaschemme bis zum Sternerestaurant seinen Küchenhorizont erweiterte.

Hunderte von Hochglanzköchen hat er kennen gelernt. Und noch mehr Schweine mit Kochmütze.

Vielleicht in der Küche Deines Stammlokals!

Julius C. Saar

SCHWARZBUCH GASTRONOMIE

Wie Dich Dein Wirt über den Küchentisch zieht

Geschichten aus einer unkontrollierten Betrügerszene

Bibliografische Information der Deutschen Bibliothek:
Die Deutsche Bibliothek verzeichnet diese Publikation in der Deutschen
Nationalbibliografie; detaillierte bibliografische Daten sind im Internet über
http://dnb.ddb.de abrufbar

Herstellung und Verlag: Books on Demand GmbH, Norderstedt
Covertexte: Brandbrain München
Layout: MadMolly, Olympiastadt Sarajevo
Projektberatung:
Oberstudienrat i.R. Klaus Tollknäpper, Schleswig

ISBN-13: 9783837058031

INHALT

Vorwort

„Lass Dich nicht verarschen", klingelte Dir jahrelang die schrille Werbebotschaft eines großen Elektronikanbieters (okay, es war der Mediamarkt) ins Ohr. Gossensprache? Ja. Trifft sie den Nagel auf den Kopf? Ja. Eine klare Botschaft, die Dir klarmachen soll: Es gibt Menschen auf dieser Erde, die Dich betrügen. Beim Handykauf kannst Du den Preis vergleichen, bei einer Tomatensuppe oder einem Szegediner Goulasch bist Du überfordert. Vielleicht schmeckt's.

Du weißt aber lange noch nicht,
WAS Du da in dich reingeschüttet hast.

Vertrauenssache? Auch!
Selbst die Süddeutsche Zeitung berichtet, dass offiziell über 50% aller Wirte einen erheblichen – erheblich! – strafrelevanten Hintergrund haben.

Für diese also eine der leichtesten Übungen,
Dich so richtig abzukochen.

Dieser Ratgeber wird Dir auf die Sprünge helfen, Deinem Wirt mehr oder weniger leise „adieu" ins Ohr zu brüllen oder ihn anfangen zu lieben. Du wirst unterscheiden können zwischen einem berufenen dienstleistenden Gastgeber und einem Möchtegern-gastronomen, der Dich mit Vorsatz, aus Dummheit oder wegen fortgeschrittenem Alkoholismus über den Tisch zieht.

Ein Prost auf den guten Appetit. Und gute Reise durch die Gastronomie.

Du fragst, warum ein Schwarzbuch weiß ist? Weil nichts ist, wie es scheint. Auch ein König Pilsener scheint Dir manchmal nur als eines, und ein Kalbsmedaillon noch öfter. Eine Lachscremesuppe scheint frisch, ist aber leider aus der Tüte. Und Dein Thunfischsteak scheint noch frischer. Bis Du hineinbeißt.

Ist Dein Wirt ein Schwein?

... oder: Nepper, Schlepper, Gästefänger

„Lass Dich nicht erwischen", so lautet das 11. Gebot.

In der Betriebsbibel vieler Küchenchefs, Wirte, Gastronomen und derjenigen, die sich dafür halten, steht dieses Gebot an erster Stelle. Und oft ist es das einzige Gebot. Sie belügen und betrügen Dich, nur selten bemerkst Du, wenn Du altes Fleisch als scharfes Zigeunerragout serviert bekommst oder Dein teurer Rotwein mit Chemie oder einfachem Wasser (hier rechnet sich der Brittafilter)! gestreckt ist. Da wird Pizzateig mit eitrigen Händen geknetet und blutige Pflaster verschwinden zusammen mit den Zutaten für den Hackbraten im Fleischwolf.

Nichts als die Wahrheit!

Ich rede hier nicht von erstklassig aufgestellten Restaurants, die von Fachleuten geführt werden.

Desinteresse ist der Hauptgrund für minderwertige Leistung.

Dieses Desinteresse
wird staatlich gefördert.

Weil auch Du schon morgen ein Restaurant, Pilspub oder Firstclass Hotel Dein eigen nennen kannst. Selbst wenn Du heute noch

als Postbote, Kieferchirurg, Hilfsgärtner, Schauspieler oder Dachdecker arbeitest. Willst Du in Deutschland gastronomisch selbständig tätig werden, begibst Du Dich einen knappen Tag lang zur Industrie- und Handelskammer, hörst zu, was man Dir über Betriebshygiene und die Hackfleischverordnung zu sagen hat. Am Spätnachmittag wird Dir ein Zertifikat überreicht, das Dich zur Führung eines Lokals in jeder Größe qualifiziert.
Mach Dir keine Sorgen,

<u>solltest Du erst gestern aus Turkmenistan
eingereist und noch nicht
so recht bis drei zählen können:</u>

Verstehen musst Du die Hackfleisch-verordnung nicht!
Der zweite Grund ist die wirtschaftliche Not, in der sich der überwiegende Teil der Gastronomen befindet (besonders wenn der blankpolierte Mercedes vor der Tür steht und ungefragt über außergewöhnlich gute Umsätze berichtet wird).

<u>Wirft der Koch ein
stinkendes Schnitzel in die Mülltonne,</u>

beträgt der Schaden nicht 1,10 Euro Einkaufspreis, sondern 8 bis 13 Euro im Verkauf. Und wer kann es sich leisten, soviel Geld, und das nicht nur einmal, zu

10

entsorgen? Viele Betriebe werden von den Personalkosten regelrecht aufgefressen. Da kann sich der erkältete Küchenhelfer nicht einfach auskurieren, auch wenn er gerade das fünfte Mal auf Deine Seezunge niest – die wird doch knalleheiß gebraten und so bestens desinfiziert. Das macht jeder Chirurg mit seinen Skalpells doch auch. Also keine Angst!

Am Rande der Insolvenz ist sich
jeder selbst der Nächste.
Auf Kosten Deiner Gesundheit.

Warum auch noch dieses Buch? Weil es Dich interessieren könnte, was bei Deinen mehr oder weniger häufigen Restaurantbesuchen hinter den Kulissen abläuft. Ich berichte Dir aus fast 30 Jahren Küchenerfahrung. Von Tapasbars am Strand von Andalusien, Hafenspelunken in Irland, Clubgastronomie in ganz Europa, vielen bodenständigen und bürgerlichen Wirtschaften. Vom Edelpartyservice in Barcelona, Frankfurt, Hamburg und München bis zu Sternerestaurants in Belfast, Rom und Big Berlin war alles dabei. Gute Zeiten, und auch schlechte Zeiten.

Ob Du gern zum Inder gehst oder zum Italiener: Es gibt keine Garantie auf beste Qualität, die Dir ja zusteht. Es gibt pieksaubere türkische Lokale, und es gibt deutsche, in denen der Schweinemichel regiert. Dein Chinese hat vielleicht an einer richtigen Universität studiert, und Dein Schweizer ist in der Heimat wegen

Kakerlaken im Kühlschrank

gastronomisch lebenslang gesperrt.
Deshalb versucht er sein Glück nun bei Dir!

Du bemerkst die Sauberkeit und besonders die Sorgfalt Deines Gastgebers schon vor der Tür: Der Speise- und Getränkeaushang ist in Deutschland Pflicht. Damit Du nicht versehentlich in die „Rote Laterne" gerätst, wo das Pils – aus der Flasche – vielleicht 35,00 Euro kostet. Also:

DEIN Wirt – nennen wir den Verantwortlichen hier kurz und knapp einfach „WIRT" – damit Du immer weißt, wer gemeint ist. Ob er nun intern Geschäftsführer, Betriebsleiter, Pächter, Inhaber, Manager, Chefkoch oder Direktor heißt.
So wie der also seinen Speisekasten pflegt, sehen seine Fingernägel aus,

<u>seine Unterhose wahrscheinlich auch –
sofern er eine besitzt.</u>

Aber auch sein – und später Dein – Salat Nicoise, die Baked Potatoe oder das

12

Lammfilet. Pflegt er sich und seine Speisen, verwendet er ausgewählte Zutaten? Ist der Nicoise auch wirklich einer, kommen die Ofenkartoffeln aus dem Ofen oder sind es Pellkartoffeln in Alufolie verpackt, ist das Lammfilet leider durchgebraten und die Thymianhollandaise dazu aus dem Tetrapack? Bei vielen Köchen ist es allerdings wiederum von großem Vorteil für Dich, wenn sie beispielsweise eine Hollandaise nicht selbst „zusammenmurksen". Dazu später mehr.

Du siehst, lieber Leser, Gourmet oder nur Hungriger, das Gebiet Deiner Speiseplanung außer Haus ist sehr unübersichtlich und letztendlich nicht vollständig zu überblicken, geschweige denn zu erfassen. Nicht jede Schweinerei ist auch eine.

<u>Und manch teurer „Edelabend" endet für Dich auf der Toilettenschüssel, sitzend oder davor kniend. Manchmal beides.</u>

Wenn wir schon mal beim Klo sind: Deine spießige alte Tante ist wahrscheinlich der Meinung, die Sauberkeit der Hausfrau und natürlich auch des Wirts erkennt man an der Toilette. So manch schöne Familienfeier im Restaurant wurde bei der Diskussion hierüber schon durch interfamiliäre Krisensitzungen beendet. Bist Du rechthaberisch? Nein? Dann gib Deiner Tante Recht. WEIL SIE RECHT HAT!

Die Polster auf den Stühlen wollen gepflegt sein, die Bestecke sauber poliert, die Tische und die Theke sollen nicht klebrig und das Pastagratin nicht angebrannt. Wir reden hier nicht über 5-Sterne-Hightech-Lokale, sondern vom Griechen um die Ecke, dem Bistro „Europa" neben Deinem Büro oder dem Familienbetrieb „Maier-Müllerschmidt", in dem schon Dein Großvater samt Gefolge seine Sonntage verbrachte. Also von einem ganz durchschnittlichen gastronomischen Betrieb, in den Dich Hunger und Durst treiben.

Was hat das alles mit dem Klo zu tun? Ich sag´s Dir: Wer nicht auf sein stilles Örtchen achtet, ist in der Regel auch bei anderen Dingen seines Lebens und besonders seines Betriebs nachlässig.

Der dritte Kontrollpunkt noch vor Essensbestellung betrifft die Speise- und Getränkekarte. Sind die Blätter abgegriffen, sehen Deine Rucolasalatblätter wohl ebenso aus. Kleinkunst aus Tippex auf der Karte kopiert der Koch wahrscheinlich in Form von Sauce, mit deren Hilfe er bereits grauen Braten kaschiert.

<u>Der wird bis zum letzten Tag verkauft, manches Mal länger.</u>

Weil am Sonntag zuviel produziert wurde.

14

Alle Formen von Braten sind ein dankbares Objekt der Zeitverschiebung für den Koch. Mit viel Butter und flüssiger Grundsauce in der Mikrowelle langsam erhitzt, wird er zart wie Rührei. Besonders, wenn er schon drei Wochen im Kühlhaus liegt. Drei Wochen gehen immer (auch anwendbar auf gekochte Kartoffelknödel, Desserts wie Grütze und Crepes, Suppeneinlagen und alle Arten von Würstchen).

Wird das Fleisch für Steak und Schnitzel wegen Überlagerung schmierig, dann haben wir Gammelfleisch. Original.

<u>Wendet sich die Küchenhilfe voller Ekel ab,</u>
<u>um nicht den Rest ihres Geruchssinnes</u>
<u>leichtfertig aufs Spiel zu setzen,</u>

dann ist es an der Zeit für den Essigkanister. Billig soll er sein, wir müssen sparen! Nach einem ausgiebigen Essigbad unter Zuhilfenahme einer starken Handbürste wird das Lendenstück in Öl gelagert. Der weißliche Säureschleier verschwindet, das Fleisch lässt sich nochmals eine Woche lagern und der unverhofft auftauchende Lebensmittel-Kontrolleur vom Amt lobt den gewissenhaften Umgang mit dem allzu empfindlichen Frischfleisch.

Stehen die Bedienungen in Horden in einer dunklen Ecke zum Rauchen und Tratschen, oder sitzen gar während des Service am sogenannten „Personaltisch" – Menschenrecht auf Geselligkeit – begnüg Dich mit einem Cappuccino und zieh weiter.

<u>Besser zwanzig Minuten hungrig
als ein Leben lang enttäuscht.</u>

Meist sitzt der schmutzige Koch dazwischen und erzählt von früheren Heldentaten, als er im Hochglanz-Bistro noch Austern knackte und der Champagner in die Küche floss. Warum ist er nicht mehr da?

<u>Weil er geklaut, betrogen und gelogen hat;
oder weil er einfach nicht kochen kann.
Oder Alkoholiker geworden ist.</u>

Hier treffen oft mehrere Kriterien zusammen.

Frag mal „Deinen" Koch, wenn Du irgendwo Stammgast bist. Für wen der nicht schon alles gekocht hat. Für richtige Stars im Hilton, Politiker zum Neujahrsempfang, manchmal im Waldorf Astoria, für die ganz Großen aus der Wirtschaft und vielleicht den Scheich von Dubai. Mir tun die Ohren weh, wenn ich nur an all dieses hirnlose Geschwätz von früheren Kollegen denke. Heute feuer ich diese Dummbeutel, weil Sie die Mannschaft versauen. Und genau das merkst Du als Gast.

Wenn einer so prahlt, bestell mal für nächsten Dienstag außer Haus eine Entenballotine als Vorspeise und zum Hauptgang eine einfache Lammkrone mit schwarzem Bohnensouffle. Das gibt es nämlich nicht tiefgefroren. Und Othellokartoffeln.

Da steht er auf dem Schlauch.
Ich wette mit Dir um ein Jahresgehalt.

Kein Mensch lässt sich von einer erstklassigen Hotelküche in einen drittklassigen Fressschuppen degradieren. Wer das tut, arbeitet nur noch für Geld. Das tun wir alle. Wer aber als Koch ohne den geringsten Künstlersinn arbeitet und wem der Spaß an der Dienstleistung fehlt, kann keine Leistung für Dich bringen. Gastronomie ist eine Dienstleistung, aber eine besondere. Weil Du kein Kunde bist wie an der Aral-Tankstelle, beim Friseur oder bei Karstadt, sondern Gast. Du bist der Gast. Bei Ronald McDonald in Kleckerförde ebenso wie bei Subway Sandwich in Big Berlin oder im Hilton Singapur.

Der Gast ist König. Sagt man.
Benimm Dich auch wie einer.
Viele benehmen sich
wie zurückgebliebene Psychopathen. Leider.

17

Ich habe Reklamationen im ersten Haus am Platze erlebt, ein Super-Edelschuppen. Da hat der Gast immer Recht, besonders, wenn er nicht Recht ist. Da muss der Oberkellner mit der Zeit eine mehr oder weniger große Macke bekommen, Zuckungen im Gesicht und...

Weil er nur die großkotzigen Zicken einiger Neureicher – alle anderen sind meist friedlich – ausbaden muss. Sonst fliegt er. Der kriegt Druck vom Gast, vom Patron und vom Küchenchef. Auf dessen „Captains Order" steht Rinderfilet, gebraten auf den Punkt zwischen medium well und well done. Das geht gar nicht. Trotzdem bekommst Du es.

Reklamationen in einfacheren Häusern werden mit einem Schnaps oder Hausverbot honoriert. Bringe ich eine objektiv gute Leistung in der Küche, und mein Gast reklamiert, dazu noch lautstark, damit ihn alle hören, schmeiß ich ihn raus. Das muss sein! Diese Ewignörgler, die an ihrem Arbeitsplatz nichts zu sagen haben, sich zuhause von ihrem Schätzchen täglich einen gewaltigen Anschiss abholen und in der eigenen Beliebtheitsskala eher unten stehen, sind schamlose Banditen:

Sie rauben Dir als Gastronomen die Nerven!

Aber Du gehörst ja, Gott sei dank, nicht zu denen!

Eine berechtigte Reklamation ist immer angebracht, sei es Espresso im kalten Tässchen serviert, die Hausfrauensauce zum Matjes ohne Äpfel zubereitet oder das Langusten-Espuma, das schon leicht auf dem Teller verläuft, weil dieser nicht gekühlt ist.

Ein Grieche, Inder oder Finne macht Dir da das Reklamieren nicht so einfach: Der sagt, dass Dein ausgewähltes Gericht in seiner Heimat eben so serviert wird, wie Du es bekommen hast. Da musst Du ihm wohl glauben.

GASTROWORKS
Praxiswissen.Einfach.Schnell.

auf Knopfdruck rechnen, kalkulieren, einkaufen,
HACCP umsetzen und richtig Geld verdienen

Heinrich Hein Verlag
tagesaktuelle Sofortdownloads

www.gastroload.de

Ein Küchenchef kennt kein Hartz IV

... oder: Der lange Weg zum Fachmann

Es gibt drei Wege für Deinen geliebten Koch oder Küchenchef: der erste ist eine fundierte Lehre mit Berufschule, damit er etwas über fettlösliche Vitamine lernt und auch die Kalkulation eines Tomatensalats. Die Qualität des Lehrbetriebs spielt keine so wichtige Rolle, gelernt wird erst richtig nach der Gesellenprüfung. Dann kommen die Lehr- und Wanderjahre, zwei mal jährlich die Arbeitstelle wechseln, anfangen als Commis, Demi Chef, Chef de partie, vielleicht dann Tournant, Chef Tournant, Sous-Chef, Küchenchef, Headchef. Ein wenig Fortbildung, das eine oder andere Diplom erwerben und nach einem nervenaufreibenden Job als Executive Chef, als Herr über 80 Köche und sechs Küchenchefs in einer Restaurant- und Bankettküche einen 9000-Euro-Job in der erstklassigen Großkantine von BMW, Siemens oder der Münchener Rückversicherung antreten. Ab 40 ohne Wochenendschichten, ohne Nacht- und Feiertagsarbeit, sogar Weihnachten und Ostern frei und im August mit der Familie in den wohlverdienten Urlaub fahren. Das ist ein solider Werdegang, der zufrieden macht.

Diese Menschen werden wieder ganz normal! Sogar sein Captagon zum Aufputschen lässt der Chefkoch dann in irgendeiner Schublade verschimmeln.

Der zweite Weg ist die Lehre, absolviert oder oft abgebrochen, dann in einen Landgasthof – nichts gegen Landgasthöfe, aber die Innovationsfreude ist hier eher getrübt – weil die hier natürlich zu Beginn der Lehr- und Wanderjahre viel besser zahlen als im Klasse-Lokal. Dafür lernt „Dein" Koch natürlich nichts dazu und ist

<u>mit 35 Jahren nicht mehr als eine Schnitzelproduktionsmachine</u>

und ein Schweinebratenbäcker. Er steht noch mit 55 am drittklassigen Herd, die Flasche billigen Kochwein immer in Griffweite und brutzelt sich so durchs Leben. Zum Lernen, fürs Leben und Kochen, ist es endgültig zu spät.

Die anderen sind die Ungelernten, als Hilfskräfte unterbezahlt angefangen, 17-Stunden-Schichten, ungesundes Essen

<u>in einer Auszeit, die einem guten Beamten nicht als Pinkelpause reicht.</u>

Wir reden nicht von den Faultieren, die meinen, dass sie hier nur noch auf die gebratenen Tauben warten müssen. Und ein Löffel Honig in den Hintern zum Dessert. Diese Freunde aus Bengalen, Indien, Tunesien oder auch China sind aber nicht in der Überzahl. Schweizer, Ostdeutsche und Westdeutsche und Österreicher sind, im Verhältnis, nicht besser. Eher schlechter? Fauler oder fleißiger? Wer weiß.

Ich meine die fleißigen, die Quereinsteiger, die ihren Beruf lieben, eine Berufung finden. Der lernfreudige albanische Koch gehört ebenso dazu wie ein Reporter, Designer oder einer, der als Tellerspüler begann, sein eigenes Lokal eröffnet, es wirklich liebt und Riesenerfolge feiert. Und eine Auszeichnung nach der anderen einsteckt.

Weil er weiß, worauf es ankommt:
Auf Dich als Gast.

Was auch immer, mach Dir Gedanken über die Menschen, deren Gast Du bist. Ob Du ihr Gast überhaupt sein möchtest.

Das ist bei uns nicht wie bei der Telekom, der Post oder Deutschen Bahn, mit vorgeschriebenem Werdegang. Und als 20-jähriger kannst Du Dir Deine Betriebsrente schon berechnen lassen. Gibt es etwas ekelhafteres als Dein Leben 45 Jahre im Voraus berechnen zu können?

Wenn der Küchenchef hochzieht und vor dem Panieren auf das Personalschnitzel des Hotelmanagers spuckt,

weil er ihn hasst: Das ist noch ekelhafter. Passiert aber öfter als Du denkst. Bist Du also in einer gastronomischen Führungsposition, empfiehlt es sich manchmal, außer Haus zu essen.

Ich kenne ausgebildete Küchenmeister, Diplom-Hoteliers und Hotelfachschulabgänger, die nicht in der Lage sind, zwei fehlerfreie Sätze zu schreiben, ein Zeugnis oder eine kleine Tageskarte. Unfähig, Menschen zu führen, als Vorbild zu fungieren oder auch nur saubere Schuhe zu tragen. Beruf verfehlt!

Das Gegenteil ist der Iraker, Vietnamese oder Kurde, vielleicht als Flüchtling hierher verschlagen, sieht seine Frau und seine Kinder fünf Jahre lang nicht, macht einen Spezialitätenimbiss auf.

Kochen ist das einzige, was er kann. Und kochen kann doch jeder, oder?

Er weiß, was Du willst, was Dir schmeckt, und welchen Service Du möchtest. Und macht sich nicht in die Hose, wenn Du als Gast mal einen Extrawunsch äußerst: Ein Highlight in der Servicewüste Alemania. Der macht innerhalb eines Jahres zwei weitere

Läden auf. Und fährt nach einiger Zeit mit neuem BMW und vielen hunderttausend Euro wieder gen Heimat. Das passiert öfter als Du denkst. Neidisch? Mach doch das Gleiche, die Tür steht auf. Aber fleißig musst Du sein!

Am Hamburger Hafen gab's vor vielen Jahren eine Spelunke, ein Drecksloch, ein elendes. Da sahst Du mittags Geschäftsleute aus dem nahen Büro- und Bankenviertel ein und aus gehen. Krumme Geschäfte, denkst Du? Mafia? NEIN, ein weltberühmtes Hühnerfrikassee, so zart und sahnig und geschmackvoll. Das habe ich nach zwei Jahrzehnten noch auf der Zunge! Das Besteck brachten sich einige selbst mit, Sauberkeit muss sein.
Der Chef: Nicht ansprechbar, um 10.00 Uhr schon betrunken in seinem Büro.

<u>Die Bedienung: Ein unfreundliches und ungeschicktes Landei.</u>

Der Koch: Ein mürrischer Eigenbrödler, der, wenn überhaupt einmal, nur mit sich selbst oder seiner Friteuse redete.

ABER DAS FRIKASSEE !!

C`est la vie. Du bist der Gast, Du hast Ansprüche. Dein hart erarbeitetes Geld will gut angelegt sein. Solltest Du NICHT hart für

Dein Geld arbeiten und genug davon haben, kauf den Laden,

feuer die nichtsnutzigen Nasenbohrer und mach was Besseres aus der Schnitzelhöhle.

Also, zurück zu Deinen Ansprüchen: Jeder liebt etwas anderes. Fünf Gäste bedeuten zwölf Vorlieben. Jeder findet sein Umfeld. Wer in eine fremde Stadt umzieht, hat nach zwei Tagen „seine Kumpels, Freunde und Spezln" gefunden. Der Finanzjongleur in der Lounge des „Kaiserhofes", der Mechaniker in „Trudes's Pilspub" und der Kiffer im Bahnhofsimbiss.

Es gibt küchentechnisch wenig Vorgaben: Ein Kartoffelpüree für den Kaiserhof-Gast wird wohl aus frischen Kartoffeln gestampft sein, im Pub gibt's dasselbe aus der Tüte. Und beide Gäste sind zufrieden; es sei denn, es ist versalzen, kalt oder

altersbedingt schon sauer und zieht Fäden vom Teller bis zum Mund.

Du findest Dein Lokal, und jeder Wirt findet „seinen" Gast. Ganz ohne Werbung! Ach ja, die Werbung: Kennst Du die beste Sendezeit für Bierwerbung? Morgens auf dem Weg zur Arbeit. Warum ist es wohl der Traum vieler Menschen, sich gleich nach dem Aufstehen zwei Bier reinzuzischen? Vielleicht haben sie am Abend zuvor schlecht gegessen? Die effizienteste Bierwerbung ist die um 8.00 Uhr morgens im Autoradio, wenn ein frisches Pils ins Glas schäumt, und das in Stereo.

Da läuft einem doch das Wasser im Mund zusammen: Um sich zu übergeben.
Kurbel aber vorher die Scheibe runter!

Bist Du sicher, dass Dein Wirt nicht billiges Fremdbier in originalen Qualitätsfässern verkauft. Da sind pro Jahr tausende von Euro verdient. Wirtschaftlich müsste er das eigentlich ständig tun, um sein Überleben zu sichern. Weil ein Durchschnittswirt für den Liter Bier mehr bezahlt als Du im Getränkemarkt. Eine lohnende Logik, für den Bierproduzenten. Wie im richtigen Leben gehören aber auch hier zwei dazu:
Einer, der betrügt und einer, der sich betrügen lässt.

Davon aber im folgenden Kapitel mehr.

Von der Wirtschaftlichkeit Deiner Wirtschaft

... oder: Warum Dein Wirt ein ARMES Schwein ist

Wie viel zahlst Du Deiner Putzfrau, oouuuu Entschuldigung, Deiner Raumpflegerin? Sie pflegt schließlich Deine Schränke, Treppen und Toiletten. Manchmal pflegt sie auch sich selbst, während Du zahlst. Aber egal. Also, wer sich eine Putze leisten kann, sollte auch sozial engagiert sein. Deswegen zieh ihr nicht die Rauchpausen vom Lohn ab.

Sie könnte Deinen teuren Aschenbecher im Putzbeutel verschwinden lassen.

„Nun mal zur Sache", sagst Du. Und Du hast Recht!
Nun, 8, 10 oder 15 Euro pro Stunde? Unter 10 Euro läuft wohl nicht viel. Außer Du wohnst nahe der polnischen EU-Grenze. Ja, Europa ist groß. Spar Dir dort 20 Cent und zahl einfach nur 9,80 Euro!
Cash in die Tasche. Bist Du ein guter Bürger, meldest Du sie auch noch an (Der Autor ist weltfremd, Anm. d. Red.).
Zehn Euro netto will sie aber immer noch.

Dein Wirt ist nicht nur manchmal ein Schwein, er ist auch meistens ein ARMES Schwein.

Er arbeitet sechs, meistens sieben Tage die Woche, durchschnittlich 80 Stunden. Wenn alle Betriebe die 80-Stunden-Woche einführten, wäre old Germany innerhalb eines Monats saniert!

Nun rechnet ein Wirt mit einer Umsatzrendite von 10%, durch hohe Staatsabgaben und

immer neue geldfressende Verordnungen und Vorschriften kontinuierlich sinkend.

Die Richtsätze der Finanzbehörden besagen das gleiche. Aus den Richtsätzen ergibt sich ein ungefährer Wert des Betriebsgewinnes. Weicht dieser bei einer Prüfung deutlich ab, kommt nicht nur der Lebensmittelkontrolleur, sondern auch noch die Steuerfahndung. Und die lässt sich nicht so leicht bestechen!

Bei einem mittleren Umsatz kommt der Wirt auf einen Stundensatz von, na? 300 oder 30 Euro? „Kein Wunder, dass mein Schnitzel so teuer ist!" Genau. Deshalb sind es auch nur 3 Euro (in Worten: drei). In der Stunde. Wovon er leider noch seine Einkommensteuer, Kranken- und Rentenversicherung zahlen muss. Und die Pflegeversicherung. Und den

Solidaritätszuschlag, womit er seinem Gastrokollegen im Osten Solidarität beweist.

Das ist ungerecht: Ein guter Wirt wird selten älter als 65 und stirbt durch seine lebenslange Schufterei meist schnell und schmerzlos.

Er nimmt seine Pflegeversicherung also gar nicht in Anspruch, die Rentenversicherung noch weniger.

Zurück zu den Millionenumsätzen: Pro Monat hat der Wirt also unter 1000 Euro netto. Nicht schlecht. Werde einfach auch Wirt, dann hast Du bald ausgesorgt. Natürlich gibt es viele, die erheblich mehr verdienen. Es gibt aber noch mehr, die weniger haben. Und glaub nicht, dies seien eigene theoretische Werteberechnungen. Fachgremien wie der Deutsche Hotel- und Gaststättenverband rechnen noch einen Tick weniger! Schau einfach mal auf deren Website.

Und da verlangst Du, ja Du, dass Dich die übernächtigten und überarbeiteten dunklen Augenringe auch noch fröhlich anblinzeln, wenn Du die Bühne des Lokals betrittst. Deinen Platz, Deinen Stammtisch.

Weißt Du jetzt, warum mancher Wirt sein bester Gast ist?

<u>Weil er den Kummer über sich, seine Gäste,
seine Probleme im speziellen und
die Welt im allgemeinen ersäufen will.</u>

Ich schätze die Zahl der Gastronomen, die absolut nichts „schwarz" machen, auf allerhöchstens 1%. Hochgegriffen, das gebe ich zu. Die einen legen es drauf an, die anderen zwingt ihre Not zu diesen strafbaren Schritten. Weil auch ein buchhalterisch nicht erfasstes kleines Bier Steuerhinterziehung ist. Und damit fängt's an.

Manche übertreiben es und leiten dreiviertel der Umsätze an der Steuer vorbei. Und weil es ja nie genug ist, gehen sie nahtlos vom Finanzministerbetrug auf den Betrug am Gast über. Betrug an Dir!

<u>Betrug am Gast ist verwerflich. Und auch
moralisch durch nichts zu rechtfertigen.
Betrug am Finanzamt ist nur strafbar.</u>

Dein Wirt hat nur wenig Freizeit, sehr selten Urlaub – mit immer betriebsbereitem Handy, ist immer für Dich da und meist voll finanzieller Sorgen. Außer den Gastro-Youngsters im ersten Betriebsjahr. Die lassen's krachen. Drinks aufs Haus, tolles Cabrio, dreimal exklusive Erholung im Jahr, chice Klamotten und immer den neuesten Blackberry in der Tasche.

Im dritten Geschäftsjahr, wenn sie denn erstaunlicherweise so weit kommen, verbringen sie ihren dreitägigen Jahresurlaub bei Oma, um sich Geld zu leihen. Der Cityflitzer ist ein rostiger Lieferwagen mit wenig TÜV und die teure Uhr inzwischen recht angekratzt. Deshalb kann man sie auch nicht mehr in die Pfandleihe bringen.

So muss es nicht kommen, aber es kann. Und so kommt es oft. Der Eintreiber der Krankenkasse steht am Tresen und schreit nach nicht abgeführten Beiträgen, die Lieferanten laden nur noch gegen cash ab und der Finanzexecuter droht, weil die letzten Vorsteuerzahlungen noch nicht eingetroffen sind.

<u>Dieser Wirt MUSS Dich ausnehmen,</u>
<u>weil es sowieso schon lange egal ist.</u>

Und wem alles egal ist, dem bist DU es schon längst. Du meinst ja nicht ernsthaft, dass nur für Dich alles frisch zubereitet wird, wenn Du ein Restaurant mit ständig nur zwei besetzten Tischen besuchst. Da stapeln sich in Kühlhäusern die nicht verkauften vorgekochten Waren, und der Koch wird zum kleinen Zaubermann.

Weil Du nicht merkst, dass Dein mit Liebe zubereiteter Teller weniger Wert ist als eine halbe Dose schlechten Hundefutters.

Sollten Dich spezielle gastronomische Probleme interessieren, leg Dir mal ein tolles Fachbuch zu, mehrfach ausgezeichnet und Pflichtlektüre für die Studenten an einer der größten deutschen Fachhochschulen: „Willst Du die totale Pleite? Zehn Wege zur erfolgreichen Gastronomie", erschienen im Heinrich Hein Verlag, ISBN 3980922103, einer der richtigen Renner bei amazon.de

Jeder Selbständige hat mehr oder weniger große Betriebsausgaben und Fixkosten. In der Gastronomie ist es meist ein Fass ohne Boden. Unzählige Geräte und Maschinen, Kühlungen, Öfen, Getränkeleitungen, Mobiliar, und ...und. Du wärst als „normaler" Selbständiger – wer ist schon normal – schon mit der gastronomischen Personalführung schwer überfordert, verlass Dich drauf! So speziell geht's nirgends zu.

„Ein Volk von Dieben, Alkoholikern und Tagelöhnern",

sagte kürzlich ein Kollege, der jetzt im normalen Leben wohnt und Berufschullehrer geworden ist. Übertrieben? Vielleicht ein ganz klein wenig. Lies mal das Buch

32

„Geständnisse eines Küchenchefs" vom amerikanischen Küchenchef Anthony Bourdin. Dann weißt Du wie es läuft. Obwohl ich keine Provision bekomme: Leg Dir dieses Buch unbedingt zu! Verbilligt bekommst Du dieses Buch über www.top-kochen.de

Ich muss es noch einmal betonen:
Dieses Buch handelt nur von Nichtsnutz-gastronomen.
Viele, viele, viele Betriebe mit Klasse und Extraklasse gibt's, und die sollst Du finden.

Ein Kalbschnitzel vom Schwein

... oder: Wenn der Küchenzaubermann zuschlägt

Gesetzlich vorgeschrieben ist beispielsweise, für Rahmgeschnetzeltes Kalbfleisch zu verarbeiten. Alles andere ist Betrug am Gast, Warenunterschiebung.

Ich brate Dir aus der Schweinelende ein Kalbsrahmschnitzel, für das Du 10 Euro Trinkgeld gibst,

weil es so zart und wohlschmeckend ist. Man muss es nur „touren" wie Blätterteig. Plattieren, übereinander schlagen, plattieren, und noch einmal und noch einmal. In Mehl wenden, sehr kurz sehr scharf anbraten und in einer Rahmsauce langsam ziehen lassen. Einige Tröpfchen Amaretto oder ein Schuss Whisky lassen dem alkoholtrainierten Feinschmecker vor Wonne die Tränen in die Augen steigen!

Das ist oft die Kunst der Mittagskarte: Alkohol in den Saucen steigert das Wohlbefinden sowie den Tipp (Trinkgeld, Anm.) erheblich.

Also, order doch beim nächsten „out" ein Kalbsrahmschnitzel und teste.
Kannst Du auch ein teures Angus-Entrecote – fälschlicherweise sehr oft als Rumpsteak

34

bezeichnet – von einem Fetzen Rinderrücken aus tschechischer oder polnischer Dunkelbauerproduktion unterscheiden?

Siehst Du das Rumpsteak – aus der Hüfte! – als RUMsteak auf der Tageskarte, iss lieber gleich bei Burger King. Wer die fachliche Rechtschreibung nicht beherrscht, kann auch kein Essen zubereiten. Vielleicht hatte der Wirt aber auch nur den Kopf voll Rum!

Und vielleicht ist Dein teures Maishähnchenfilet ein ukrainisches Billigbrüstchen, das ich drei Tage in Buttermilch und gelber Lebensmittelfarbe „mariniert" habe. Tolle Farbe, absolut zart. So wie Du es magst.

Heute früh habe ich mal wieder meine Kühlhäuser vom Wochenende ausgemistet: Alte Fleischreste vom letzten Mittwoch und Gemüseabfall zusammengetragen, Hühner-brocken vom fast – aber nur fast – angesäuerten Hühnerfrikassee aussortiert, den Hackbraten (der bekommt ja schon nach zehn Tagen eine natürliche Kruste!) zusammengeschnitten. Alles zusammen durch die feine Scheibe des Fleischwolfs gedreht ergibt das mit fünf billigen Eiern aus kannibalistischer Massenkäfighaltung, getrocknetem Chili und frischen (ganz ehrlich!) Zwiebeln die feine Mischung für das erste Gericht meiner heutigen Tageskarte:

„Feurige mexikanische Fleischbällchen in Tomaten-Paprikacreme geschmort".

<u>Das lieben meine „Mittags-Banker":
Schnell serviert, wenig zu kauen und
zumindest in der kurzen Mittagspause
ein bisserl Schärfe im Leben.</u>

„Julius, Du bist der Beste"! Natürlich bin ich der Beste. Weil niemand anders so sparsam kocht.

Vielleicht ist Dein rosa gebratenes Schweinefilet in grünem Pfefferschaum vom billigen und sehnigen Filetkopf geschnitten, kunstvoll durch den Steaker gelassen und plattiert, Dein Spargel dazu mit Tetrapak-Hollandaise garniert. Kein Vergleich zu einer frischen Buttersauce (die Du ja zahlst), wenn sie vom Könner aufgeschlagen und dann emulgiert wird.

<u>Oder kann das Dein Koch nicht?</u>

Dein Essen ist nicht billig, also willst Du doch von einem Profi verwöhnt werden? Bei Ableitungen dieser Sauce wie etwa Sauce Maltaise oder Sauce Mousseline murmeln sogar gestandene Küchenchefs ganz leise „mayday, mayday" vor sich hin. Und was war noch gleich der Unterschied zwischen einer „Sauce espagnol", einer „Demi Glace" und einer „Jus"?

Kaufst Du Software, ein Buch, einen CD-Player oder Toilettenpapier, erwartest Du ein professionelles Produkt. Und Du bist sogar als Nichtprofi in der Lage, dies in Echtzeit zu überprüfen: Entweder es funktioniert oder nicht.

Das schnellste und eindeutigste Ergebnis erhältst Du beim Toilettenpapier.
Bei Deinem Lieblings-Labskaus,
Entenbraten oder Seezungenfilet ist das nicht so einfach.

Es gibt keine einheitlich geeichte Skala, nach der Farbe, Geschmack oder Zubereitung gemessen werden könnten. Das ist eben menschliches Ermessen. Heiß soll es sein, Dein Essen. Das lässt sich messen und objektiv beurteilen. Wohl auch noch eine ansprechende Anrichteweise. Dann wird's aber schon dunkel im Saal.
Über Geschmack lässt sich eben trefflich streiten. Meist sind es die „Stammtischführer", die wortgewaltigen. Ob Du in Hoyerswerda oder Duisburg, Flensburg oder Rosenheim wohnst, es gibt sie überall. Die legen dann die Geschmacksnormen fest.

So gibt es laut Stammtisch in München mindestens zehn Großmetzger, die das

Geheimrezept für die beste Weißwurst
hüten. Fünf haben das allerbeste!

Und ebenso zwanzig Hamburger
Fischhändler, die wirklich den frischesten
Fisch verkaufen. Aber Fiete und Fritze und
Karpfen-Karl verkaufen ihn NOCH frischer.
Mindestens 45 Imbissbuden in der
Hauptstadt aller „Krauts", die die
schmackhafteste der berühmt berüchtigten
Currywurst zubereiten. Wirklich die beste,
ich schwöre.

Geschmack ist schwierig. Da gibt es Tests in
allen möglichen TV-Formaten auf jedem
Sender: Kann der Gastropabst oder
Hotelmanager des ersten Hauses am Platze
ein fingiertes Fastfood von einer
konventionell hergestellten Traditionsspeise
unterscheiden? Kann eine ganze Riege von
hochdekorierten Sterneköchen in
Blindverkostung den Aldi-Champagner
zwischen französischen Hightec-
Flaschengärungen zum fünfzehnfachen Preis
herausschmecken? Die meisten haben auf
den billigen getippt. Aber leider als den
qualitativ hochwertigsten! „Das muss man
doch schmecken", denkst Du zumindest. Du
siehst, selbst Profizungen stoßen an ihre
Grenzen.

Zunge ist Zunge?

Vielleicht eine Kalbszunge.

Da halt Dich lieber an eine gesunde KalbsLEBER in Madeirasahne. „Die kommt vom Metzger an der Ecke, da wo mein Wirt doch immer einkauft". Und dieser bezieht sein Fleisch, wie er beteuert, vom Biobauern. Na ja, SO nah an der Autobahn liegen seine Weiden ja auch nicht.

Nur eines von tausend Beispielen: Die glücklichsten Bergkühe entlang des oberbayerischen und österreichischen Inntals sind jedenfalls durch starke Emissionen des Autobahnverkehrs dort schwerst belastet.

Die Menschen auch! Aber die willst Du
ja nicht essen, oder?
Obwohl es einige verdient hätten.

Okay, ich hör schon auf.

Back to the roots, zur Leber: Ist es noch Kalbsleber oder schon Rinderleber? „Ja DAS schmecke ich wohl noch", könntest Du protestieren. Aber, aber, nicht so eilig. Ich kauf mir beim Großhändler ein schönes Stück australische Kalbsleber zum Viertel des Deutschpreises und verkauf sie Dir, ganz rechtmäßig, als „Zarte Kalbsleberscheiben in Butter poéliert auf Trauben-Schalottencreme mit Byronkartoffeln" für 21 Euro. Das ist eine gute Kalbsleber doch wert, nicht wahr? Salat kostet extra.

Inzwischen gibt es australisches Hirschfilet ohne Geschmack und australisches Wildschweinfilet ohne Farbe UND ohne Geschmack. „Das muss nur lange genug in kräftiger Sauce schmoren", sagt mein ehemaliger Lieblings-Edel-Italiener, der dies alles als Tagesspezialität für wirklich fast unverschämtes Geld anbietet. Als toskanisches, sizilianisches oder lombardisches Special. Die Tragödie ist, das er fast nur noch diese „Spezialitäten" verkauft.

Und ein Schweinegeld mit
seinem Billigstschwein verdient.

In vielen großen, bekannten Ferienclubs der Nah- und Fernreiseziele besteht ein Teil der Küchenmannschaft aus sogenannten Verwertern, den „Piggies", einer eigene Abteilung. Da arbeitet ein gut bezahlter Profi mit einer handvoll schlecht bezahlter einheimischer Hilfsarbeiter. Was sie verwerten? Deine Essensreste vom Mittagsbuffet und Deinem Teller. Die Weinreste aus Flaschen und Gläsern. Deinen vielgepriesenen und übriggebliebenen Tischwein in offenen, antik geformten Flaschen, all inklusive!

Vielleicht hat ihn schon Dein herpesgeplagter Essensnachbar im Mund gehabt?

Oder er hat sich, weil ja Urlaub ist, seit drei Wochen die Zähne nicht geputzt. Deshalb ist der Wein nicht schlecht, aber Du bekommst den Mundgeruch Deines Tischnachbarn. Wie findest Du das?

Buffets eignen sich vorzüglich zur Wiederverwertung. Viele Speisen sind in Gastronormbehältern heißgehalten, als Auflauf, Gratin oder Ragout. Sieht doch alles sehr lecker und ansprechend aus!
„Der Chefkoch, ein Künstler! Die sparen wirklich an nichts." Schick doch per Fotohandy ein paar appetitanregende Bilder an Deine neidischen Kollegen.

Die müssen sich das Abendessen selbst zubereiten, haben dafür aber keine Verdauungsprobleme

und sparen sich dazu ein halbes Vermögen für Medikamente, um Magen, Dick- und Dünndarm zu kurieren.

Meinst Du wirklich, dass Dein Durchfall im südlichen Europa und in karibischen Ländern (besonders bei billigem all inklusive) vom ungewohnten Essen kommt? Oder vom Olivenöl? Das erzählt Dir jeder.

Vor allem jeder Gastgeber. Und denkt sich: „Den Touris kann man wirklich jeden Scheiß vorsetzen. Und wenn sie sich auskuriert haben, kommen sie auch noch wieder. Weil ich so nett bin".

DAS LANGE LEBEN EINER ALL INCLUSIVE NUDEL

➢ 1.Tag:
frisch gekocht als Beilage

➢ 2.Tag:
eigenständiges Gericht in Tomatensauce

➢ 3.Tag:
eigenständiges   Gericht   „arabbiata"   in   scharfer Tomatensauce

➢ 4.Tag:
als Tomaten-Kräuterschwenkpfanne

➢ 5.Tag:
Auflauf mit knackigem Gemüse

➢ 6.Tag:
der Auflauf von gestern in Scheiben paniert als vegetarisches Schnitzel - nur das Beste für die Gäste

➢ 7.Tag:
in Teig gerollt als Strudel (sieht wirklich Klasse aus!)

➢ 8.Tag
alles durch den Riesenmixer gedreht als „Bakalubasuppe", der traditionellen Festtagsspeise der Einheimischen, mit Shrimps und Ananas. „Mann, die essen hier echt scharf!"

Ein phantasievoller und sparsamer Saucier zaubert Dir aus den Resten noch eine Füllung für den Truthahnbraten. Innovation a la „all inclusive". Willst Du das Rezept? Von MIR nicht!

Gib mir noch ´nen Fusel

... oder: O´zapft is, der Schädelspalter

„Das ist kein Jim Beam", protestiert der Whisky- und Whiskeykenner im bekannten Werbespot. Ein Kenner schmeckt das. Bist Du auch ein Kenner? Bist Du in der Lage, verschiedene Sorten Maltwhisky auseinander zu halten?
Bestellst Du Dir eine teure Mischung wie Cuba Libre, Caipirinha, Cola Whisky oder Wodka Lemon, darfst Du schon aufgeben.

Schmeckt doch alles nach Alk, und nach der vierten kräftigen Mischung dröhnt der Kopf,

jedenfalls meiner. Bist Du trainiert, sind es sieben.
Sei sicher, dass Du in fast jedem Massentanzschuppen gelinkt wirst. „Ich bekomme meine Drinks aber immer aus der originalen Smirnoff-, Bacardi- oder Jack Daniels Flasche", sagst Du. „Ich lass mich doch nicht über den Tisch ziehen. Nicht mit mir"!

Mein lieber Trinker, da musst Du aber früher aufstehen!

Entweder der Inhaber, der Geschäftsführer oder der Barkeeper zeigt Dir schon, wie's geht. Einer von Ihnen, manchmal alle

44

zusammen, füllen nach Feierabend die Originalflaschen mit Billigschnaps auf, die sie in jedem Niedrigpreisdiscounter nachgeworfen bekommen.

Das sind Schädelspalter, spätestens am nächsten Morgen

Jetzt weißt Du woher die Kopfschmerzen kommen.

Wohl die Ramazottiproduzenten haben dieses Problem wahrscheinlich als erste erkannt. Mittels Kunststoffkugel im Flaschenhals kommt ein Schluck „Ich mag Dich" heraus, aber nie wieder hinein. Ja, aber nur wenn Du eine technische Supernull bist. Ein Minischlauch löst auch dieses Problem. Und es soll clevere Wirte geben, die sich einen Wechselkopf für solche Flaschen basteln. Oder basteln lassen.

Als Lohn der Mühe gibt's ein paar Ramazotti, natürlich original!

Sei's drum. Ich will Dir nur darlegen, wie hoch dieses Betrugsproblem von vielen Fabrikanten mittlerweile eingestuft wird.

Ein frisch gezapftes Edelpils zischt doch so richtig runter, besonders Deine ersten drei. Oder nicht?

Aber welchen Plempelsud trinkst Du?

Also MEIN Bier ist MEIN Bier, und das erkenne ich mit verbundener Zunge, denkst Du jetzt. Mag sein, Du bist der Fachmann!

Warum geben nun Großbrauereien runde 30.000 Euro für ein Biertestgerät aus, wenn es kein Problem gibt? Begonnen haben die Warsteiner Brauerei, Veltins, Heinecken und Bitburger, weitere werden folgen.

„Aber, aber, solche Massenplörre trink ich ja gar nicht!", lallt mein Projektleiter.

Dann hat er ja auch kein Problem!
Fakt ist leider: Allein eine dieser Brauereien deckt pro Jahr weit über 100 Fälle auf, in denen durch den Wirt betrogen wird: Du trinkst Billighopfenschorle, zahlst aber ein Markenprodukt. Wenn Du einen Mercedes zahlst und einen Skoda bekommst, merkst Du das. Hoffentlich! Warum nicht beim Bier?

In einer mittelgroßen Diskothek spart sich der Wirt pro Abend etwa 100 Euro an Wareneinsatzkosten, wenn er Dir Billigfeuer-wasser verkauft. Das ist unterste Grenze und stark zu Gunsten des Wirts gerechnet. Das sind an drei Öffnungstagen pro Woche 300 Euro, macht aufs Jahr 15 Mille. Bei fünf Jahren Pachtzeit 75.000 Euro für nix und nada. Unversteuert und in der Zeit in Liechtenstein angelegt sind das über

100.000 Euro. Jetzt ist das Gastrokonto wieder ausgeglichen:

Einer hat die Kohle,
der andere den Kopfschmerz.

Und es belebt die Wirtschaft. Weil z.B. Aspirinhersteller sich auch freuen und Umsatz machen. Tabletten müssen verpackt und promotet werden. Also steigert sich das Transportgewerbe und die Recyclingindustrie. Und bald haben alle wieder Arbeit. Was zählt da ein Tag Kopfschmerzen?

Solltest Du dieses Konzept dem Bundeskanzleramt verkaufen wollen, musst Du mich beteiligen!

Feierst Du Geburtstag, Deine Hochzeit oder ein Jubiläum im größeren Rahmen außer Haus, fehlt Dir schon bei 20 Gästen der Überblick. Das Menü oder Buffet wird meist zum Festpreis abgerechnet. Multipliziert mit der Personenzahl, das kannst Du ja !??, ergibt dies den Gesamtbetrag für Speisen. Und die Getränke?

Kontrollierst Du, wie viel Rotwein Tante Helga in sich reinschüttet

und welche Mengen an Bier Dein alter Schulfreund Jürgen vernichtet? Da wird fleißig dazugerechnet! Die Getränkestrichliste steigt überproportional zu den ausgegebenen Drinks, ohne dass Du es bemerken würdest. Das ist, solltest Du es mit Zeugen beweisen können, klare Urkundenfälschung. Weil in diesem Fall auch eine Strichliste ein Dokument ist, eine Urkunde.

Es ist kein Witz, auch Verfälschungen auf Deinem Bierdeckel, solltest Du ein Weißbier „ausradieren", erfüllt den Straftatbestand der Urkundenfälschung.

Zurück zu Deiner Party, die Du meist noch abends mehr oder weniger schwer angealkt bar cash zahlst. Der Abend war schön und lustig, keine gesundheitlichen Ausfälle und kein Familienstreit zu verzeichnen. Da zahlst Du doch gerne. Etwas teurer als Du dachtest, aber man lebt doch nur einmal. Und hier ist Geiz doch nicht geil.
Die Bedienung bekommt dann noch ein schönes Trinkgeld. Obwohl sie - auf Deine Rechnung - zwei teure Flaschen Prosecco geleert hat,

sozusagen als Starthilfe
für ihre Freundlichkeit.

Und freundlich war sie doch? Auch, weil sie nicht hungrig war und von Deinem Buffet

48

gegessen hat. Und ihre freundliche Kollegin auch, und ein bisschen die Aushilfe.

Und weil ihr Freund zuhause so lange auf sie warten musste (nur deinetwegen!), bringt sie ihm noch eine schöne Flasche Wein mit. Da es Deinem Geldbeutel jetzt auch schon egal ist, auf Deine Rechnung!

Hast Du gar 50 oder mehr Gäste geladen, ja dann prost! Und pass auf, dass beim Empfang auch Dein vorher gewählter Prosecco ausgeschenkt wird. Mit Orangensaft gemischt – damit er nicht so reinbombt – bist Du nicht in der Lage, Billigblubber für 50 Cent den Liter zu erkennen.

Den bieten fliegende Händler ganz ohne Rechnung in Riesen-Tetrapaks an. Von denen erstehst Du als Wirt auch Fuselschnäpse, No-Name-Biere, toskanische Weine, die „vom LKW gefallen" sind, selbstgesammelte Pilze für Dein Edelpilzragout und Rinderfilets, die der Metzgermeister bei einem anderen sorg- und kontrolllosen Kunden „vergessen" hat, abzuladen.

Deshalb siehst Du in italienischen Restaurants auch so oft nächtliche Lieferanten, die noch schnell an der Bar mit dem Chef einen Vino trinken. „Alles Familie", sagt der Chef. Und Du wirst neidisch auf den großen Familiensinn der Italiener. Seit Adam und Eva sind wir doch alle miteinander irgendwie verwandt. Also Du auch mit mir, mein lieber Gourmet.

Aber bitte belästige mich jetzt nicht mit irgendwelchen Familientreffen!

Von Köchen und Totengräbern

... oder: Dein Wahnsinnskoch mit BSE

Nun liegst Du mit schwersten Krämpfen auf der Intensivstation und weißt nicht warum. Oft werden schwere Krankheiten durch verdorbene und verseuchte Speisen übertragen. Vielleicht der Urlaub vor zwei Jahren auf Sri Lanka? Letztes Jahr in der Dominikanischen Republik? Wahrscheinlicher, wenn es denn vom Essen kommt, ist Dein edles Stammbistro. Mit viel glänzendem Metall und teurem Holz eingerichtet, schwarze Lederstühle und die hübschesten Bedienungen der Stadt. Genau da, wo Du mit Geschäftspartnern Eindruck schindest.

<u>Es könnte auch Typhus sein, Aids, Hepatitis C, die Jacob- Creutzfeld-Krankheit oder nur eine Grippe. Es KANN. Es MUSS nicht.</u>

„Jetzt übertreib mal nicht", sagst Du. „Im Sauberland Deutschland und auch im restlichen Europa ist doch alles kontrolliert, auch der Koch". Und genau hier irrst Du: Nach EU-Recht, und das schon seit einiger Zeit, werden Küchenbeschäftigte durch das Gesundheitsamt nur noch belehrt. Früher wurden Stuhlproben genommen und die Lunge geröntgt. Mit 17 Jahren brauchte das der Koch für die Lehre, und mit 58 war er mit diesem Gesundheitspass immer noch gesund. Auch nicht das „Gelbe vom Ei". Zurück zu Europa. Du wirst offiziell belehrt, dass Du bei Verdacht auf eine ansteckende Krankheit Deinen Vorgesetzten informieren musst. Nun hat aber nicht jeder Küchenhelfer,

der Deinen Salat mit
schwarzen Fingernägeln anrichtet,

Medizin studiert. Mit Glück hat er sich die Hände nach der Toilette gewaschen. Zumindest DAS kann man ja lernen. Obwohl es Menschen geben soll, die mit dem Lernen einfachster Dinge Schwierigkeiten haben sollen. Hoffen wir mal das Beste für Dich. Beobachte einfach mal einen Mann der Küche, der die gleiche Toilette wie Du benutzt. Oder eine Frau. Allein dies ist schon eine Frechheit. Aber man tut es. Also, Kippe im Mundwinkel, pinkeln, für die Hände meist keine Zeit mehr, weil der Chef schon wieder schreit.

Das heißt für Dich: Zahl die Zeche und
mach Dich vom Acker!

Also, er hält lieber seinen Schnabel und nervt seinen Küchenchef nicht mit Kleinigkeiten, weil der schon genug um die Ohren hat. Wenn er seine Leute bei jedem Verdachtsfall vorsorglich zum Arzt schickt, erhöht das seine Krankenrate erheblich. Und dann kann der auf der Website der Arbeitsagentur vorsorglich schon mal „Hartz IV" anklicken.

Es kann ein jeder krank werden, es kann sich jeder überall anstecken, auf unzähligen Übertragungswegen. Nur muss man es ja nicht provozieren.
Ein an Hepatitis C (meist tödlich) erkrankter Kollege in Frankfurt hat fröhlich weitergekocht, das ist nicht mal strafbar. Nur eine Ordnungswidrigkeit, weil er seiner Melde-verpflichtung nicht nachkommt. Der Arzt meldet zwar, aber kochen kann man überall. Der wechselt die Stadt und ist ein neuer Mensch. Und offiziell gesund, solange er sich nicht verrät.

Der schneidet sich – und glaub es oder nicht, Köche schneiden sich manches Mal. Beim Anrichten Deines Filetsteaks, blutig gebraten, tröpfelts ein wenig. Eklig ist das nicht, weil Du es ja nicht siehst.

Willst Du das Filetsteak verklagen?

Bon appetit!

Durchfall bekommst Du bei Schweinereien nach 30 Minuten, schwere Krankheiten erst nach Jahren. BSE nach Jahrzehnten.

Viele tolle Betriebe gibt's, mit Hygieneschleusen, jeder Menge Handwaschbecken, vielen weißen Kochmützen und gepflegten Mitarbeitern. Hier ist die Ansteckungsgefahr schon erheblich reduziert. Ein gekämmter Bart und auch lange Haare (Künstler haben nun mal lange Haare. Ich hoffe, Dein Koch ist einer. Ein Kochkünstler) unter dem Kochhut sind chic und sauber. Aber ein Koch, zu faul zum Rasieren, dem die fettigen Haare in Strähnen auf der Stirn kleben, ist nur eins: Eine Sau!
Auch eine schmutzige Schürze mit antiker Saucen- und Kräuterdekoration gehört in diese Kategorie. Und die Schuhe. Und die Fingernägel. Der große Meister der Küche pflegt seinen, also Deinen, Rostbraten genau so wie sich selbst. Ein Küchenchef oder Wirt, der bei der Besprechung Deines Hochzeitsmenüs kein Schreibgerät findet und Notizen auf fettigen Lieferscheinen macht,

wird auch Deinen Ehrentag versauen.

Sei ehrlich zu Dir selbst. Lass ihn weiterbruzzeln. Aber ohne Dich!

Professional Edition Praxis
Heinrich Hein Verlag
von Betriebswirt und Küchenmeister
Andreas J.H. Hein

Lektüre der Hochschule

„Willst Du die totale Pleite?
Die zehn Wege zur erfolgreichen Gastronomie"

„Auf eigenen Erfahrungen basierende, sofort in die Praxis umsetzbare Tipps helfen potentiellen Jungunternehmern und gestandenen Gastronomen, Fehler zu vermeiden und ihre Unternehmensführung effektiver zu gestalten.

Die Praxisorientierung mit klaren Hinweisen für die Umsetzbarkeit machen das Buch zu einem Erfolgsfaktor im Wettbewerb."

Dr. Axel Gruner, Professor für Hospitality Management an der Fachhochschule München

Rezension lesen auf: www.amazon.de
ISBN 3980922103

Recht und Ordnung in Deiner Speisemeisterei
... oder: Endlich mal eine Vorschrift!

Eins steht fest: Das nichts feststeht. Es gibt allerdings einige Vorgaben, die eingehalten werden müssen: Das ein „Wiener Schnitzel" aus Kalbfleisch bestehen muss, hast Du wahrscheinlich im Zuge der Aufklärung mitbekommen. Für ein proletarisches „Schnitzel Wiener Art" darfst Du auch

<u>einem fetten Schwein den
Schädel einschlagen</u>

Beim Großteil der Dir vorgesetzten Speisen und Getränke musst Du Dich wohl oder übel auf Dein eigenes Urteilsvermögen verlassen.

Hab nur keine Skrupel, bei nicht angemessener Qualität zu reklamieren oder die Zahlung zu verweigern. Natürlich, BEVOR Du gegessen hast. Weil es unvorteilhaft ist, Dir den Magen auspumpen zu lassen, um eine berechtigte Reklamation belegen zu können.

Auf die Qualität solltest Du Dich einfach verlassen können. Du kannst eben nicht die Bedienung zu Starklastzeiten – also wenn sie kurz vorm Weinkrampf steht – mit Bestellungen nerven wie: Ich möchte zu meinem Hirschbraten bitte einen Rotkohl, der aus frischem Kraut mit den fachlich richtigen Gewürzen in der korrekten Zubereitung von einem nicht alkoholisierten und frisch geduschtem, ausgebildeten Koch mit Gesundheitspass zubereitet wurde. Vielleicht ist es aus der Dose lieblos hingeklatscht, ungewürzt, es glänzt nicht wie es soll. Und die Kartoffeln sind am Rande ihrer Altersrente, dafür aber mit getrockneter Petersilie aufgepeppt.

Geh in die Küche und schlag es dem Koch um die Ohren. Du kannst eine einwandfreie Leistung erwarten

Bist Du weniger gewalttätig veranlagt, bestell Dir den Geschäftsführer zum Tisch (lass IHN kommen, DU sollst nicht wie ein Dummer in irgendeiner dunklen Raucherecke auf ihn warten) und erkläre ihm ruhig und sachlich, warum Du die Lebensmittelaufsichtsbehörde bzw. den zuständigen Verbraucherschutz informieren wirst. Das geht auch nachts über die Polizei. Notfalls wird er Dir von der Konkurrenz aus der Nachbarschaft ein saftiges Steak besorgen, damit Du zufrieden bist und Dich auch noch dazu einladen. Und einen sauber gewaschenen Salat dazu, ohne Runzeln und braune Ränder.

Bist Du ein sparsamer Koch, lässt sich aus richtig altem Salat noch eine Top-Suppe aus dem Mixer zaubern: Legierte Rahmsuppe von Kopfsalatherzen mit Räucherlachsbrunnoise. Die kommt immer gut an, besonders bei innovativ angehauchten Gästen.

Gute Reise. Aber bitte konserviert!

Dein Mittagessen heute an der Imbissbude: Würstchen, Kartoffelsalat und ´ne Cola. Eine kleine, ist ja so viel Zucker drin! Du bist satt, und Dein Chemiespeicher ist auch wieder randvoll gefüllt. Mit Farbstoffen, Ascorbin-säure, Ameisensäure, anderen Konservier-ungsstoffen, Geschmacksverstärkern und Emulgatoren.

Da freuen sich der Gesundheitsminister und Dein Arzt, denn beide werden nicht arbeitslos. Wer so viel Chemie in sich hineinfrisst, braucht auch das Rauchen nicht aufzugeben. Und bleib ruhig Alkoholiker, am besten mit harten Sachen, die eliminieren vielleicht einen Teil dieser ganzen Gifte.

Sogar gentechnisch veränderte Lebensmittel müssen auf der Speisekarte deklariert werden, so wie alle anderen oben bezeichneten Zusatzstoffe auch. Ob im Imbiss oder Sternelokal. In diesem wirst Du aber keine Zusatzstoffe finden, weil die alles selbst machen.

Alles!

Bis aufs Kalbsfilet, das mit
Magnesium gespritzt sein könnte,

um das Fleisch aufzuhellen. Der Romanesco,
der mit Pestiziden vollgepumpt sein könnte.
Und die Wachteleier, die aus einem Wachtel-
KZ kommen könnten.

Obwohl Gentomaten doch gar nicht anders
schmecken als normale! Außer die
holländischen Schnelltomaten. Die
schmecken nach feuchter Eierpappe, genau
wie die Gurken, Paprika und Zwiebeln.
Schlender mal in Spanien, Italien oder
Kroatien durch einen privaten kleinen
Gemüsegarten.

Da denkst Du, dass Du mitten in
einer aromatischen Gemüsesuppe sitzt.

Vielleicht nur nicht so heiß.
Da gibt es doch auf der ganzen Welt diese
Schnellrestaurantkette.
Mc ... Mc ... Mc, wie heißt sie gleich? Dieses
„etwas andere Restaurant", das Burger und
Maximenüs verkauft. Die sollen doch die
armen Kinder so dick machen. Ist doch kein
Wunder! Wenn ich jeden Tag eine doppelte
Portion gesunden königlich bayerischen
Schweinsbraten mit Speckknödel und
angefetteter Sauce esse, sehe ich auch bald

aus wie Mister Sumo persönlich. Es stellt sich aber hier die Frage, ob so ein Schnellrestaurant überhaupt ein richtiges Restaurant ist. Ein Mini-F1-Rennen im Kindergarten ist ja auch nicht die Formel 1. Wenn Du dir schnell ein Maximenü reingeschaufelt hast, sagst Du dann, dass Du im Restaurant gegessen hast? Die Frage ist müßig, und

alles Philosophieren macht
Deinen Wirt auch nicht besser,

und darauf kommt es uns ja an.

Fakt ist: Fast Food ist überwiegend ungesund. Fakt ist aber auch: Die Mitarbeiter aus „dem etwas anderen Restaurant" (ja, heißt es denn McDonald?) sind immer vorbildlich gekleidet und durch die Bank überdurchschnittlich freundlich. Und innen wie auch im Außenbereich ist es auffallend sauber. Allein davon kann sich ein großer Teil der Wirte eine oder zwei Scheiben abschneiden. Vielleicht fünf. Deiner auch?
Wie im richtigen Leben: In jedem Guten steckt etwas Schlechtes und umgekehrt.

Warum sind auf den abgepackten Lebensmitteln im Supermarkt die Zusatzstoffe deklariert? DAMIT DU SIE LIEST!

Pisa hin, Pisa her, das ist nicht zu viel verlangt.

Aber nur wenn's Dich interessiert. Sonst lass es einfach.

Dein Auto bekommt „Super". Du auch? Um das herauszufinden, musst Du Dich mal mit den Inhaltsstoffen beschäftigen. Wenn Du beginnst, im Internet zu recherchieren, bist Du für die nächsten fünf Jahre beschäftigt.

Eine tiefgekühlte Gemüsepizza hat beispielsweise nachgewiesenermaßen erheblich mehr Vitamine als ein kleiner gemischter Salat. Warum? Weil die Produktionskette der Tiefkühllebensmittel meist so perfektioniert ist, das Gemüse zwischen der Ernte und der Schockfrostung nur wenige Stunden, manchmal Minuten, verbringt. Und Tiefkühlung schädigt die Vitamine nicht.

Anders beim Kopfsalat, den Gurken, Tomaten, Karotten, Paprika und Zwiebeln für Deinen gemischten Gesundheits-Salat im Fitnesstempelrestaurant. Die werden geerntet, gelagert, vom Großhändler geholt und gelagert, vom Zwischenhändler gekauft und gelagert, beim Gastronomieauslieferer gelagert, von Deinem Küchenchef geordert. Nach weiteren fünf Tagen im Großkühlraum dann schon geputzt (schnell, weil Licht die Vitamine zerstört), und im Tageskühlraum gelagert, bis die Bestellung kommt. Erst dann darfst Du in Deine Vitaminbombe beißen.

Vorteilhafterweise trinkst Du ein „Sportswater" aus dem Hause Coca Cola dazu. Hört sich nach Sport, Fitness und Gesundheit an. Weißt Du, was drin ist? Auch Wasser. Außerdem noch Zucker, Säuerungsmittel, Geschmacksverstärker, Magnesiumchlorid, Kaliumchlorid, Süßstoffe, Aroma und Säureregulator.

<u>„Ist ja ne richtige Chemiebombe,
das Sportswater", sagst Du.</u>

Richtig!

Die Schurken vermitteln Dir, gesetzlich unterstützt, Gesundheit und Fitness. Und Du trinkst Chemie!

Bitte bitte Coca Cola, verklag mich nicht. Ist doch nur die Wahrheit, von Deinem Flaschenetikett abgeschrieben. Genauso wie Du mit Deinem Zuckerblubber unschuldige Kinderzähne zerstörst.

Ich habe gerade gestern in der U-Bahn von einer Theorie gehört, nach der Du gewaltige Provisionen der Zahnärztelobby kassierst, schwarz und steuerfrei.

Jetzt ist aber wirklich Schluss!

P.S.: In Elternzeitschriften druckt Coca Cola neuerdings ganzseitige Nährwerttabellen in Verbindung mit Ihrem Produkt ab. Man will doch tatsächlich den Eindruck erwecken, die Zuckerbrühe decke den Tagesbedarf an bestimmten Nährstoffen.

Dabei behindert sie den Knochenaufbau bei Kindern. Informier Dich mal auf den seriösen Websites.

Ich will Dir nichts predigen, ich will Dir eine kleine Anleitung und Entscheidungshilfe geben, um Menschen zu erkennen, die sich auf Kosten Deiner Gesundheit bereichern wollen.

Bella Italia mitten in Germania

… oder: Buena sera, kleiner Küchenmafioso

„Buena seeeeera, Senora, sie sehe wieder aus wie frisse ause Wellnessurlaub. Meine Komplimente". Das hörst Du ja wohl bei jedem zweiten Italiener. Auch wenn Du nach drei durchgezechten Nächten ohne Schminke und Friseur auftauchst.

Selbst wenn Du in Deiner Mülltonne übernachtet hast, siehst Du hier immer noch gut aus.

Und zahlst gerne 16 Euro für die Frutti di mare Pizza, die den Pizzabäcker - zu seinen Gunsten gerechnet - 1 Euro 80 Cent kostet. Ja wer mag denn nicht gern wie Pamela Anderson oder Brad Pit empfangen werden? Also, die überschwänglich freundliche romanische Begrüßungsarie zahlst Du mit. Bei vielen Deutschkellnern hörst Du nur ein „Tach, Moin oder Servus", wobei die Augenbrauen leicht gespannt werden, mit Blick auf die falsche Rolex. Dann wird der Koch zu Rate gezogen,

ob es fünf vor Feierabend überhaupt noch kulinarische Leckerbissen gibt.

Okay, Lust hat er nicht mehr nach 13 Stunden Stress. Ein Italiener hat dagegen immer Lust. Dir das Geld aus der Tasche zu ziehen. Eine Portion Pasta kostet ihn zwischen 30 und 90 Cent. DU zahlst je nach Zutaten zwischen 5 und 24 Euro. Aber das ist bella Italia, Lebensfreude pur.

Deshalb sind Deine Scallopina auch so klein.

Dann kannst Du den lebenslustigen Kellner noch mal rufen, zum Nachbestellen. Ein Hauptgericht reicht nicht zum satt werden, hat aber einen anständigen Preis. Deshalb solltest Du einen Salat und Pasta vorweg bestellen, etwas Pizzabrot und hausgemachtes Tiramisu zum Abschluss. Schon hast Du eine Stunde Italien genossen, alles für nur 40 Euro. Ohne den Wein, einen 98er Barolo. Aus dem 15 Liter Riesentetrapack vom Italogrosshändler, meistens ein „Vino Caracho" vom Schwarzmarkt. Barolo hin, Barolo her, wer will das eigentlich wissen? Zumindest war er rot. Und der Kellner war super. Also gehen wir nächsten Montag wieder hin.

Auch weil Montags das Vitello tonnato immer ganz frisch ist. Wisse Du, was heisse Vitello auf deutse? Vitello heißt Kalb. Hm .... also Kalbfleisch.

Warum verarbeiten die meisten Italiener dann Schweinefleisch?

Du kaufst Kalb, und Du bekommst Schwein. Eine Schweinerei, sagst Du? Unter der Tonnato-Sauce siehst Du es aber sowieso nicht mehr, und die schmeckt nun wirklich grandissimo! Du vermutest ein altes Rezept aus der sizilianischen Familie des Chefkochs.

Wahrscheinlich hat es der unterbezahlte polnische oder tschechische Küchenhelfer in höchster Eile aus Thunfisch zusammengezaubert,

der für den Pizzabelag schon zu alt war.

Ich schwöre Dir bei meiner Küchenehre: Das sind eigene Erfahrungen aus vielen italienischen Küchen in grande Germania.

„Was, alles nur heiße Luft bei den Pizzaspezialisten?", fragst Du.

Du hast recht. Viel Show, viel tam tam und noch mehr heiße Luft

Hieran können sich aber wiederum viele Gastronomen ein Beispiel nehmen, weil Gastronomie viel mit Show zu tun hat. Du sollst Dich rundum als König fühlen, eine Show für Dich persönlich. Dann kommst Du wieder, oder? Viele andere Faktoren spielen natürlich eine genau so wichtige Rolle, aber alles gemeinsam bringt Dir ein unvergessliches Erlebnis.

Bist Du Fachmann genug, um ein helles Schweinefilet vom Kalbsmedaillon zu unterscheiden? Wahrscheinlich sind wir uns bei Deiner Antwort einig. Und im gebratenen Zustand, dünn geklopft und mit Zitronenbuttersauce – a la lombarda - glaciert, merkst Du nichts mehr vom schweinischen Ursprung Deines Kalbschnitzels. Da tut sich sogar der Metzgermeister schwer. Zahlen wirst Du aber Kalbfleisch.

Das ist nicht Bella Italia, Sommer, Sonne und Gardasee. Das ist Betrug

Ich kann nicht behaupten, dass das alle Italiener so machen. Vielleicht habe ich den, der es NICHT tut, nur noch nicht kennen gelernt.

In der italienischen Küchensprasprache heißt das Schweinefilet Vitelloni, damit man von Kalb spricht, aber Schwein meint.
Bist Du unsicher, lass Dir ein Eckchen Kalb einpacken, in italienische Alufolie, und bring es zum Verbraucherschutz. Die lassen es untersuchen.

Die Fragen sind grundsätzlicher Natur: Erwartest Du beim Parmaschinken ein italienisches Produkt? Ich schon. Kommt aber bis auf sehr wenige Ausnahmen von polnischen und dänischen Schweinen, also ich meine schon die Tiere. Alter Schwede! Gereift in Parma, bella Italia. Echter Parmesankäse, ein Hochgenuss.

Hier zeigt sich der Feinschmecker. Er mag eben Milchprodukte aus Bayern

Jedenfalls durfte der Käse in den Höhlen von Parma reifen. Die produzierenden Milchkühe weiden in Bayern, unweit Miesbach. Wenn Du mit dem Auto nach Italien fährst, kannst Du sie sehen, wenn Du am Irschenberg im 20-Kilometerstau stehst. Idealerweise haben die bayerischen Parmesanrindviecher Deine Abgase geatmet,

und Jahre später hast Du
Deinen Opel Vectra auf der Zunge.

Du siehst, der Kreislauf des Lebens schließt sich immer irgendwann. Ob es nun ein Porsche war oder nur ein Fiat, ist doch nun latte. Abgas ist Abgas.

Der Europäische Gerichthof hat entschieden, dass „Prosciutto di Parma" und „Grana Padano" nur in bella Italia gerieben oder aufgeschnitten werden dürfen, da dieser Vorgang, und nun lies langsam: bei Nichteinhalten im Rest der Welt dem Ansehen der Ursprungsbezeichnung schaden könnte. URGS !!?! Was willst Du erwarten von einem Europäischen Parlament, dass vorschreibt, wie krumm Bananen sein dürfen? Also ehrlich: Das ist doch nun Banane! Mir reicht es, wenn meine Bananen aromatisch schmecken. Und gelb sind. Das erwarte ich von einer Banane. Nicht mehr, nicht weniger. Obwohl ich auch gerne Parmaschinken mit frischen Feigen esse und ein suppiges Parmesanrisotto genieße, aber nur von echtem Parmesankäse. Ein Genuß, mit einem wohltemperierten Glas Bardolino oder Valpolicella,

umettikettiert in Rumänien oder Tschechien.

Ist doch alles Europa, sei nicht kleinlich! Und in Bulgarien scheint die selbe Sonne wie in Deinem geliebten Trentino, oder willst Du das bestreiten? Und vielleict sind auch die Zeiten vorbei, in denen Dein Lieblingswein mit Glykol und Frostschutzmittel gestreckt wurde!

Slow Food, Cross Over und der lange Bart Deines Uropas

... oder: Alles nur geklaut!

Jeden Tag was neues: Innovationen aus der Küche. Slow Food hat meine Oma schon gekocht. Und die konnte kochen. So richtig slow! Mit gemütlichem Beisammensein in der Küche, dem Mittelpunkt des häuslichen Lebens. So wie es sich heute jeder wünscht, mit Wohnküche und einer Mitteninsel.

Da hat der Eintopf vier Stunden ganz leicht geköchelt, very slow. Und der Braten im Rohr noch slower. Dafür bleibt der Saft im Braten und läuft nicht übers Schneidebrett davon. Fleisch muss nach dem Garen ruhen, damit sich die Poren entspannen und den geschmackvollen Saft, die Jus, aufnehmen können. Wenn beim Anschneiden das Blut aus Deinem Filetsteak, Kalbsfilet oder der Entenbrust läuft,

kann der Meister nicht kochen
oder war überfordert

Vielleicht auch, weil die Arbeit kurzfristig nicht zu schaffen war und er Menschenunmögliches vollbracht hat, um Dich nicht warten zu lassen.

70

Sei nachsichtig, wenn es angebracht ist. Es gibt Gäste, die möchten schon vor der Bestellung reklamieren. Wenn der Geschäftsführer gut drauf ist, empfiehlt er solchen Gästen einen Konkurrenzbetrieb. Damit er dem auf den Nerven herumtrampelt. Einen Nörgler kann man nicht zufrieden stellen, nie. Der macht Deinen Betrieb immer schlecht. Also feuer ihn, Du hast das Hausrecht!

Cross Over-Küche als Neuheit, voll im Trend, haben wir schon vor 30 Jahren gekocht. Und tausend andere auch: Es tut sich der schwäbische Küchenchef mit dem spanischen Koch, dem bosnischen Küchenhelfer und dem ukrainischen Spüler zusammen.
Startpilot: Eine Kiste guter Rotwein. Und am Ende des „Küchenbrainstormings" kommen

<u>Spezialitäten heraus, nach denen Du Dir auf Deinem Sterbebett noch die Finger schleckst.</u>

Gewürzkombinationen, Zubereitungsarten und wahre Geschmackswunder der Extraklasse. Wie gesagt, alles alt.

Nimm einfach eine Rindsroulade, wickle sie viereckig und bereite sie mit chinesischen Gewürzen in Briocheteig zu. Schon bist Du ein richtiger „Overcrosser". Und ein Außerirdischer in Deinem Kochclub.

Außerirdisch ist beispielsweise auch der kulinarische Wanderzirkus „Palazzo". Da es mehrere gibt, hat einer vom anderen geklaut. Aber wer? Schon wieder egal, solange es schmeckt. Die Idee und die Umsetzung ist höchst bemerkenswert. Obwohl mir meine verdeckten Ermittler des Verlages gesteckt haben, dass der zugkräftige Sternekoch gar nicht anwesend ist. Weil er in fünf Städten gleichzeitig sein müsste. Das leuchtet mir ein.

Soviel zu Deiner Annahme, Starkoch Witzigmann oder Schuhbeck oder sonst wer würden persönlich für Dich kochen.

Dazu musst Du prominent werden. Aber kein falscher Neid: Die Idee „Palazzo" hat einfach Klasse. Und viele Menschen arbeiten daran, damit Du hochzufrieden ein Erlebnis der Extraklasse hast. Was willst Du mehr?

Kauf Dir ein saftiges Stück Fleisch nach Deinem Geschmack, ein knackig frisches Gemüse dazu und zieh Dir eine deftige oder feine Sauce. Frag den Koch Deines Vertrauens (hoffentlich ist nach dieser Lektüre noch einer übrig) nach Tipps und Tricks, besuch einen Kochkurs und kauf Dir schöne Kochbücher. Aber nur von

„Machern" wie den oben beschriebenen Kreativköchen der hohen Kochkunst oder auch dem populären Jamie Oliver. Auch ein Tim Mälzer hat sicherlich Substanz. Die nichtsnutzigen Nachahmer, die Konzepte nur kopieren (soll ich Dir Namen nennen? Nein, mein Anwalt winkt entschieden ab!), solltest Du nicht auch noch mit Buchkäufen unterstützen. Wer nichts Eigenes entwickeln kann, sollte in die Systemgastronomie wechseln. Und nicht noch eigene Fernsehformate bekommen, wie der Vorstadtkoch mit Zippenbart – wie heißt er gleich? – und seine drittklassige TV-Kochcrew, die sich durch nicht mehr als schmutzige Kleidung, viel Dummschwatz und - durch hoch unkonzentriertes Arbeiten - massenhafte Verbrennungen an den Unterarmen auszeichnen.

Fernseh-Zeitgeist auch in der Küche: Zeig mal, was Du alles NICHT kannst.

Alles nur geklaut!

Kellner, Könner und Chaoten

... oder: Eine kleine Gastro-Philosophie, die wirklich keiner braucht

Am Anfang war die Sonne, die gastronomische. Sie schien so warm dass sich Gänseblümchen, Affen und Kellner entwickeln konnten. Natürlich noch viele andere Spezies: Hoteldirektoren, Rezeptionisten, Köche, Chefköche und Sterneköche.

Sternekellner sind eher selten! Warum nur?

Ist Ihre Leistung keinen Stern wert? Chefärzte und Dichter bekommen ja auch keine Sterne, nicht mal Goethe.
Dafür aber Generäle. Und Polizisten. Sogar die Kleinen tragen schon einen Stern auf der Schulter. Als Anfänger!!

Also hat jeder Kellner mindestens zwei Sterne verdient: Er schleppt die mehr oder weniger warme Pizza von Tisch zu Tisch, serviert ein mehr oder weniger gelungenes Sternemenü und

schenkt einen mehr oder weniger korkigen Rotwein nach.

Er rennt sich die Hacken wund, und wenn Du kein Trinkgeld gibst, wird er sauer. Auf Dich und auf sich selbst, weil nicht ER die

74

gastronomischen Freuden mit einem Blondchen am Tisch genossen hat, sondern Du. Und auch die weibliche Bedienung ist innerlich oft schockiert, dass Du als Frau dort mit dem gut aussehenden Typen auf Tisch 22 sitzt, obwohl es eigentlich IHR zustehen würde. Auf alle Fälle wird ganz hinten im Office immer getuschelt, beurteilt und Psychologie betrieben. Das macht den Kellnerberuf so interessant! Der Umgang mit so vielen verschiedenen Menschen. Ist das krank?

Achte beim nächsten Restaurantbesuch mal drauf, was passiert, wenn Du wegen gravierender Schlechtleistung kein Trinkgeld gibst. Wenn Dich Kellner oder Bedienung überhaupt verabschieden, öffne in der gleichen Sekunde des Verlassens die Tür wieder, und Du wirst ein leises „Arschloch" hören.

Wie es auch sein mag, die Philosophie Deiner gastronomischen Freuden ist auf verschiedenen Levels immer gleich, ob Wurstbude oder Sternelokal: Der Zeitfaktor, die Freundlichkeit und die gebotene Qualität. Das Ambiente kann wichtig sein, muss allerdings nicht.
Ich zum Beispiel esse lieber in einer undekorierten Fertiggarage am Campingtisch ein traumhaftes Hummersoufflé bei einer herzlichen

Bedienung als in einem Hightec-Lokal bei einem Muffkellner, der sich selbst wichtiger nimmt als mich. Und vielleicht abends seine Kinder verprügelt, wenn er nach Feierabend seine lächelnde Eselskappe abnimmt. Vielleicht gibt er sich auch nur kräftig die Kante mit Billigrotwein aus dem Tetrapak oder einer Ladung Gorbatschow-Wodka, aus Völkerfreundschaft. Ist Globalisierung unter diesem Aspekt schlecht?

Wenn Du nur ein wenig Menschenkenntnis besitzt, erkennst Du sofort, ob Dein Wirt ein herzlicher Gastgeber ist oder ein verkommener Raffhals, der nur eins will: Deine hart verdiente Kohle.
Herzlich kommt von Herz. Dein Wirt sollte seinen Job lieben, dann macht er ihn auch hervorragend.

Ein Kollege bestätigte mir diese Theorie, schloss jedoch allgemein die Italiener (schon wieder!!)aus: Sie sollen alles lieben, was Geld bringt, und sie sollen es lieben, Dich zumindest ein WENIG zu „bekrücken". Also ich weiß nicht. Vielleicht Volkssport? Wenn ich daran denke, dass ich am Gardasee 9,50 Euro für ein Pizzabrot zahle – Herstellungskosten etwa 18 Cent! – könnte diese Theorie in Teilen richtig sein. Vielleicht müssen die armen italienischen Wirte auch bei uns so immense Schutzgelder an die

Mafia zahlen, ein sogenanntes „Pizzapaneschutzgeld".
Aber auch in Italien gibt es abseits der Touristenpfade allerdings wirklich herzliche und sozialisierte Menschen.

Wie traurig die Lage auch immer sein mag, aktiviere Deine fünf Sinne und hau auf die Pauke, wenn Dich einer betrügt.

Lass Dir nichts gefallen. Auch Unfreundlichkeit ist schon Betrug, weil Du ein Recht auf Gastfreundschaft hast, wenn Du einkehrst.

Deshalb existiert das Wort
„Gastfeindschaft"
im Duden nicht. Nur in der Praxis!

GASTROWORKS
Praxiswissen.Einfach.Schnell.

auf Knopfdruck rechnen, kalkulieren, einkaufen,
HACCP umsetzen und richtig Geld verdienen

Heinrich Hein Verlag
tagesaktuelle Sofortdownloads

www.gastroload.de

Was Dein Rechtsanwalt zum Bewirtungsvertrag sagt

... oder: Vertrag ist Vertrag - aber
längst nicht immer

Der Bewirtungsvertrag, den Du mit Deiner Bestellung eingehst, ist im Gesetz nirgends ausdrücklich geregelt, sondern stellt eine Mischung verschiedener Vertragsarten dar.
Die Bestellung einer Bratwurst, mit oder ohne Senf, ist ein Kaufvertrag. Möchtest Du ein kosmo-psychiotisches Vodooseminar abhalten und einen Tagungsraum benötigen, greift das Mietrecht. Und das bestellte Veganerbuffet für Deine Freunde wird als Werkvertrag beurteilt.

Das Rechtsverhältnis wird nach der jeweiligen Hauptleistung geregelt, die Du als Gast wünschst.

Streitigkeiten mit dem Wirt kannst Du jederzeit vor Gericht austragen. Dort sagt Dir der Richter, ob Du Recht hast oder nicht. Vor einer Schlichtungsstelle oder bei einem Mediator habt Ihr immer beide Recht.

Wenn Du im Recht bist, setz es auch durch!

Unstimmigkeiten wird der Wirt natürlich kulant abhandeln, um Negativwerbung zu vermeiden. Allerdings musst Du Dir bewusst sein, welche Verbindlichkeiten Du mit einer Bewirtung eingehst.

Beispiel:
Du reservierst zu Mittwoch, 19.00 Uhr für Deinen Vodooclub ein 3gängiges Menü für 42 Personen zu je 35,- Euro. Damit schließt Du einen Vertrag, mündlich ebenso gültig wie schriftlich. Es erscheinen aber nur 22 Gäste, weil die anderen nicht fertig geworden sind, alle Nadeln in ihre Strohpuppen zu stecken.
Die klare Rechtslage: Aufgrund des vertragswidrigen Verhaltens musst Du alle 42 Menüs zahlen.

Dagegen bleibt das Nichterscheinen bei einer telefonischen Tischreservierung ohne weitere Absprache für Dich absolut folgenlos, sie ist eine reine sog. Gefälligkeitsvereinbarung. Im Gegenzug hast auch Du keinen Anspruch auf diesen Platz, sollte der Tisch wegen Arbeitsüberlastung nicht frei sein

<u>Eine Stornierung bzw. Abbestellung einer gebuchten Veranstaltung ist nicht möglich</u>

Nicht für Dich, nicht für den Wirt! Es sei denn es liegt eine sog. Leistungsstörung vor. Selbst wenn Dir nach einer Orgie der Kreislauf zusammengebrochen ist, befreit Dich das nicht von der Einhaltung des Vertrages.

Eine Leistungsstörung liegt u.a. bei einer Fehlleistung der Küche vor: Wird das medium rare bestellte Filetsteak medium serviert, so hast Du das Recht auf

- Wandlung (Ware und Geld zurück)

- Minderung oder

- Nachbesserung

Du musst einen erkannten Mangel sofort mitteilen!

Verzehrst Du allerdings 2/3 des Hirschfilets und bemerkt erst dann, dass die Sauce ungenießbar ist, kannst Du Dein Reklamationsrecht nicht mehr ausüben.

Es kann leicht passieren, dass Du meinst, wegen einer verschluckten Fischgräte, eines Geflügelknochensplitters oder einer am Kirschkern ausgebissenen Zahnkrone ein Minderungsrecht geltend machen zu müssen und sogar Schadensersatz verlangen zu können. Ein kleines Schmerzensgeld? Die Verantwortung trägst nach der Rechtssprechung eindeutig Du selbst, da Du bei diesen Speisen mit gewissen Gefahren rechnen musst.

Anders sieht es aus, wenn Du Dir beim Verzehr eines Meeresfrüchtesalats einen Zahn ausbeißt, weil bei der Zubereitung eine Muschelschale übersehen wurde. Damit wird der Wirt schadensersatzpflichtig.

Ein Bewirtungsvertrag wird in aller Regel mündlich geschlossen und ist in vollem Umfang rechtsgültig. Bei Streitigkeiten bist situationsabhängig Du oder der Wirt beweispflichtig. Ziehe deshalb immer Zeugen hinzu, am besten glaubwürdige.

Die häufigsten Irrtümer in der Beurteilung von Bewirtungsverträgen:

Druckfehler in der Speisekarte
Der Hummersalat ist fälschlicherweise mit 9,90 anstatt 19,90 Euro ausgewiesen. Du kannst nicht auf dem niedrigeren Preis bestehen. Eine Auszeichnung auf der Speisekarte ist lediglich eine Aufforderung zum Angebot, nicht ein Angebot selbst

Ausverkaufte Speisen
Der Service teilt Dir während der Bestellung mit, dass die Kalbsroulade ausverkauft ist. Damit musst Du rechnen. Wird sie allerdings erst nach Bestellannahme ausgesagt, begründet dies einen Schadensersatzanspruch Dir gegenüber. Mit Annahme der Bestellung kommt ein

Bewirtungsvertrag zustande, den der Wirt dann nicht erfüllen kann.

Zechprellerei
Du hast Kreditkarte und Geld vergessen und kannst Deine hohe Menürechnung nicht zahlen. Der Wirt hat - im Gegensatz zum Beherbergungsbetrieb - kein Pfandrecht an Deinen Sachen, obwohl Du ggf. straf- und zivilrechtliche Folgen zu tragen hast.

Späte Reklamation
Erst nach Zugang der Rechnung reklamierst Du das Firmenessen als mangelhaft. Chancenlos. Der Verzehr begründet die Vertragserfüllung. Eine Rüge musst Du sofort aussprechen.

Zäher Service
Du wartest 2 Stunden auf Deinen Hauptgang. Du kannst eine angemessene Minderung vornehmen. Über die Höhe ist zu streiten.

Checkliste
für Deinen nächsten Restaurantbesuch

Das darfst Du mindestens erwarten,
wenn Du Dein gutes Geld ausgibst:

Wurde Deine telefonische Reservierung ohne Zeitdruck freundlich aufgenommen und wiederholt?

Wurdest Du gastfreundschaftlich begrüßt und an einen Tisch geleitet, der Deinen Vorstellungen entspricht?

Wurde Dir die Garderobe abgenommen?

Bot man Dir einen Aperitif an und brachte die Speisekarte zügig? War die Beratung in Bezug auf Speisen und Getränke überzeugend und fachlich kompetent?

Waren Speise- und Getränkekarte in einwandfreiem, sauberem Zustand?

War der Tisch sauber und ordentlich eingedeckt?

Waren die Teller und Gläser sauber und nicht angeschlagen?

Wurden die richtigen Getränke zügig und ohne Nachfragen serviert?

Waren die Speisen heiß, ansehnlich und appetitlich angerichtet?

Waren die Zutaten geschmacklich abgerundet und frisch?

Wurde auch ein Sonderwunsch, etwa andere Beilagen, gerne erfüllt?

Wurde eine Reklamation ohne großes Aufheben bearbeitet und in Ordnung gebracht?

Waren Beleuchtung und Musik angemessen und angenehm?

War die Bedienung aufmerksam, ohne aufdringlich zu sein? War sie gepflegt?

Wurde Dir ein Digestif, Kaffee oder Dessert angeboten?

Wurde fehlerfrei und ohne Verzögerung abgerechnet?

Waren die sanitären Anlagen in hygienisch einwandfreiem Zustand?

Wurdest Du höflich und nicht ZU freundschaftlich verabschiedet?

EHRLICH: Hast Du einen außergewöhnlich schönen Abend in Gastfreundschaft verbracht? Wenn nicht, such weiter. Erstklassige Gastronomen warten auf Gäste wie Dich!

DIESES BUCH WILL
ICH AUCH HABEN:

Seite raustrennen und mitnehmen

in jeder Buchhandlung erhältlich
oder online bestellen mit
24-Stunden Lieferservice unter

<u>www.amazon.de</u>

Titel: Schwarzbuch Gastronomie
Autor: Julius C. Saar
ISBN-13: 9783837058031
Preis: 9,80 €

Professional Edition Praxis
Heinrich Hein Verlag
von Betriebswirt und Küchenmeister
Andreas J.H. Hein
Pflichtlektüre der Hochschule

**„Willst Du die totale Pleite? –
Die zehn Wege zur erfolgreichen Gastronomie"**

„Auf eigenen Erfahrungen basierende, sofort in die Praxis umsetzbare
Tipps helfen potentiellen Jungunternehmern und gestandenen
Gastronomen, Fehler zu vermeiden und ihre Unternehmensführung
effektiver zu gestalten.

Die Praxisorientierung mit klaren Hinweisen für die Umsetzbarkeit machen
das Buch zu einem Erfolgsfaktor im Wettbewerb."

Dr. Axel Gruner, Professor für Hospitality Management an der
Fachhochschule München

Hier ein Testkapitel aus dem Buch:

Appetizer, ein kleiner Appetitanreger

aus dem Fachbuch „Willst Du die totale Pleite?"

Wir wissen nicht, was DEIN Gastro-Geschäftssinn empfiehlt. WIR empfehlen: Setz Dich mal in aller Ruhe hin, streif alle Hektik ab und denke über Dein Vorhaben zur Geschäftsgründung nach. Wirklich in Ruhe. Es geht um Deine Zukunft und Deine Existenz:

Du willst ein schwieriges Geschäft beginnen, mit vielen Entbehrungen, allgemein schwachen Zukunftsaussichten, viel Stress, Ärger mit Deinem Personal (manchmal auch Mitarbeitern, aber dieses Wort leitet sich von „mitarbeiten" ab, Du wirst selten welche kennen lernen .....), und manchmal mit Gewinn. Manchmal.

Egal ob Du Geschäftsleiter, Selbständiger oder der Geldgeber bist.

Das Fundament für Deinen Erfolg bilden einige wenige Grundregeln. Beachtest Du diese nicht, investiere lieber in Heizlüfteraktien auf Sri Lanka oder eine Feuerversicherung für das Matterhorn.

Beachtest Du sie, hast Du
zumindest eine kleine Chance auf Erfolg.

Diese Grundregeln soll Dir dieses „Workout" vermitteln. Es erhebt keinen Anspruch auf absolute Vollständigkeit. Es könnte auf 50.000 Seiten ausgeweitet werden, wäre noch lange nicht vollständig, und für jedes Thema wären nochmals 200 Seiten nützlich. Es soll Dir über die ersten Hürden helfen und besonders dabei, darüber nachzudenken, ob sich auch nur die erste Hürde lohnt. Wenn Dein Traumladen ein Goldesel ist, warum betreibt ihn denn der Eigentümer oder Deine kluge Brauerei nicht selbst? Und war Dein Vorgänger wirklich zu blöd, um richtig Geld zu verdienen?

Wer zuletzt lacht, ... Lach Du zuletzt!

Unsere Essenz aus jahrlanger Erfahrung in Führungspositionen der kleinen und großen, sternedekorierten und eher schlechten Gastronomie soll Dich ganz einfach auf einem erfolgreichen Weg unterstützen, ob Du anfängst oder mittendrin steckst. Sei erfolgreich, was immer Du tust, auch wenn der Erfolg mal „Nichtstun" heißt.

Warum stehen die Chancen für Deine gastronomische Pleite so gut? Weil Du ohne irgendwelche Vorkenntnisse in ein Geschäft, sei es eine verqualmte fahrbare Friteuse oder ein nobles Hotel, einsteigen kannst und gesetzlich auch darfst. Ein fataler Trugschluß für Ungelernte, eine Frechheit für Fachkräfte, die viel Zeit und Geld in ihre vorzügliche Aus- und Weiterbildung gesteckt haben!

„Bier verkaufen kann doch jeder, und einen Teller Spaghetti bekommen wir auch noch hin". Falsch. Damit ist es nicht getan!

Wenn Du nicht ein sehr guter Koch und Kellner , Alleinunterhalter, Psychologe, Werbefachmann, Handwerker, Rechtsberater, Organisator, Eventmanager, Techniker, Führungskraft und Menschenfreund bist, tu's nicht.

<u>Tu's einfach nicht!</u>

Das gastronomische Leben ist voller optischer Täuschungen: Dein Geldbeutel quillt über vor lauter grünen Euroscheinen und Du hast noch gar nicht gemerkt, dass Du längst pleite bist.

Im Ernst: Dein Geld ist schneller ausgegeben als verdient, besonders wenn Du erst vor kurzem eröffnet hast. Mach Dir einfach klar, dass Du mit einer Rendite zwischen 10 und 15% rechnen musst. Das heißt: Du verkaufst 100 Ramazotti á 1,80 €: und hast in der Tasche: nicht 180 €, sondern 27 €! Klasse Geschäft gemacht. Bravo. Und verkaufe erst einmal 100 Drinks!

Wenn Du anders rechnest, das Finanzamt betrügst oder Zauberkünstler bist, hast Du mehr.

Warum ich selbständig bin? „Ja", sagen Dir viele Gastronomen, „weil ich immer Geld in der Tasche habe". Stimmt! Nur vergessen sie, dass es nicht ihres ist.

Mach Dir klar, was alles zu zahlen ist von Deinem täglichen Umsatz: Löhne plus Arbeitgeberanteile für Koch, Bedienung, Aushilfe, Putzfrau und Spüler, Gewerbesteuer, Lohnsteuer, Sozialabgaben, Betriebsversicherungen, Berufsgenossenschaft, GEMA, Dein eigenes Gehalt, Deine eigene Altersvorsorge, Deine eigene Krankenversicherung, das Betriebsfahrzeug, Pacht, Instandhaltungen und Reparaturen, Telefon, Lieferanten, Werbung, Steuerberater, Reinigung der Lüftungsanlage, Getränkeleitungsreinigung, Wäschedienst, wöchentliche Entsorgung aller Betriebsmittel, Berufsunfähigkeitsversicherung, Strom, Wasser, Gas, Winterreinigung außen und noch viel mehr.

Vom täglichen Umsatz darfst Du auch erst einmal 16% abziehen, die gehören nämlich als Umsatzsteuer dem Finanzamt und nicht Dir. Dein Steuerberater wird dies zwar als Vorsteuer verrechnen, aber es ist nicht Dein Geld!

Willst Du 12- und 16-Stundentage, willst Du jedes Wochenende arbeiten, willst Du Augenringe, willst Du auf Deinen Sommerurlaub verzichten und Ostern in Deinem Laden gestresst Eier braten anstatt zuhause in Ruhe mit Deinem Schätzchen welche zu suchen? Willst Du ein übergroßes finanzielles Risiko eingehen und oft weniger verdienen als angestellte Kollegen mit Fünftagewoche, Urlaubsanspruch und Krankengeld? Wenn das Dein Traum ist, dann lies weiter!

Es gibt wirklich sehr, sehr wenige Gastronomen, die ihr Leben finanziell im Griff haben und ein hervorragendes, ausgeglichenes Zeitmanagement führen. Du solltest zu ihnen gehören.

Dazu sind „Auszeiten" nötig, jeden Tag 30 bis 60 Minuten Ruhe, absolute Ruhe ohne Störung. Nachdenken. Über Arbeitsprozesse, neue Verdienstchancen, Deine Zeiteinteilung, Dein Privatleben. Deinen Traum und besonders den Weg dorthin. Such Dir ein Plätzchen nach Deinem Geschmack, in der Sonne, einem leeren Büro, bei der Konkurrenz. Eben wo Du Dich wohlfühlst und Dich niemand vermutet, Du also vollkommen ungestört bist.

<u>Mit Nachdenken verdienst Du Geld!</u>

Mit Kaputtarbeiten manchmal auch, aber Du hast später nichts mehr davon. Das Durchschnittsalter eines guten Gastronomen beträgt etwa 62 Jahre.

Es reicht nicht mehr aus, der beste Koch der Galaxie zu sein! 100 Pokale und Urkunden diverser Kochkunstausstellungen in Deinem Foyer beweisen zwar, dass Du es drauf hast. Aber Deine Gäste wollen mehr: Kommunikation, Unterhaltung, Ambiente, Ablenkung, ein Erlebnis, sehen und gesehen werden. Da ist Deine Kochkunst ein wichtiger, aber eben nur ein Teil Deines Geschäfts-Puzzles, das Du geschickt zusammensetzen musst, um Geld zu verdienen.

Dein „Rundum-Paket" muss stimmen.

Und das sollten Deine Gäste lieben, oder lieben lernen. Keiner kommt sonst wieder. Du könntest aber dann nach Deiner Pleite - mit großem finanziellen Verlust - ein Plakat an die Tür hängen mit der Aufschrift „Ich war trotzdem der beste Koch". Nun bist Du es nicht mehr. Weil niemand gerne mit einem Verlierer zusammenarbeitet.